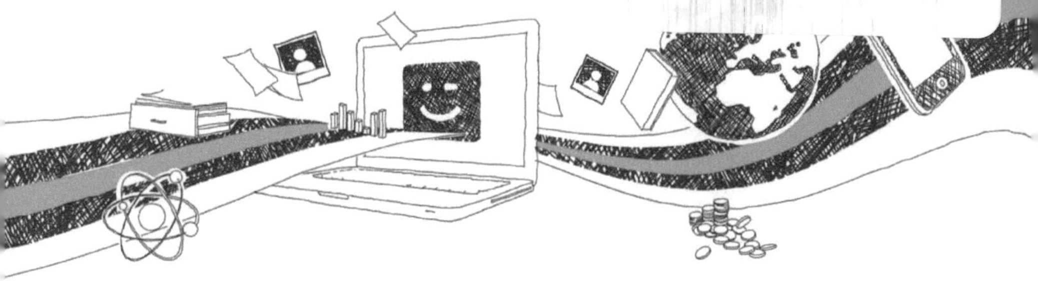

Ernst Probst

Frida Kahlo - Die "Malerin der Schmerzen"

GRIN Verlag

Bibliografische Information der Deutschen Nationalbibliothek:

Die Deutsche Bibliothek verzeichnet diese Publikation in der Deutschen National-
bibliografie; detaillierte bibliografische Daten sind im Internet über http://dnb.d-
nb.de/ abrufbar.

Impressum:

Copyright © 2011 GRIN Verlag, Open Publishing GmbH
Druck und Bindung: Books on Demand GmbH, Norderstedt Germany
ISBN: 978-3-640-88538-1

Dieses Buch bei GRIN:

http://www.grin.com/de/e-book/169860/frida-kahlo-die-malerin-der-schmerzen

Ernst Probst

Frida Kahlo

Die „Malerin
der Schmerzen"

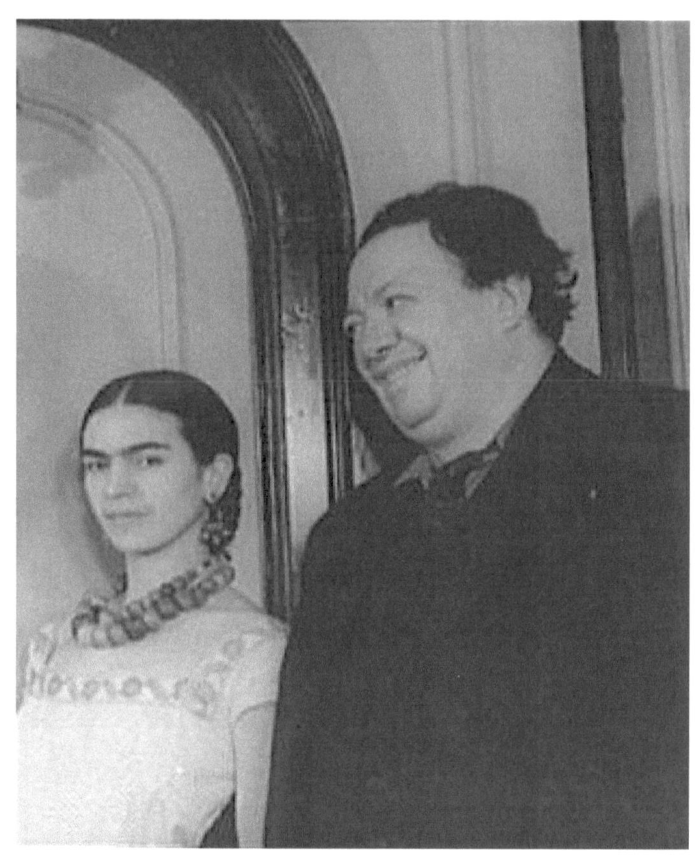

Frida Kahlo und ihr Ehemann Diego Rivera,
Foto von Carl van Vechten (1880–1964) vom 19. März 1932

Frida Kahlo

Die „Malerin der Schmerzen"

Der Ruhm, Lateinamerikas berühmteste Malerin zu sein, gebührt der mexikanischen Künstlerin Frida Kahlo (1907– 1954). Ihr Leben und ihre Kunst wurden von Kindheit an durch Krankheiten, Schmerzen und Operationen geprägt. Als das bekannteste unter ihren insgesamt 271 Werken zählt das Selbstbildnis „Die gebrochene Säule". Die so genannte „Malerin der Schmerzen" gilt als Bahnbrecherin einer weiblichen Ästhetik und gehört zu den Kultfiguren der feministischen Ideologie.
Frida Kahlo erblickte am 6. Juli 1907 im Stadtteil Coyoacán von Mexico City das Licht der Welt. Man taufte sie auf den Namen Magdalena Carmen Frieda Kahlo y Calderon. Später trug sie den Vornamen Frida. Ihr Vater hieß Carl Wilhelm Kahlo (1871–1941), wurde in Pforzheim in Deutschland geboren und lebte ab 1874 mit seinen Eltern in dem heute zu Baden-Baden gehörenden Ort Lichtental, später auch in der Kurstadt selbst. Seine Mutter starb bei der Geburt ihres zweiten Kindes. Sein Vater heiratete danach wieder. 1890 wanderte Carl Wilhelm Kahlo als 18-Jähriger nach Mexiko aus, weil er sich mit seiner Stiefmutter nicht verstand. Seine Mutter war bei der Geburt ihres zweiten Kindes gestorben und sein Vater hatte danach wieder geheiratet.
Carl Wilhelm Kahlo ließ sich in Mexico City nieder und arbeitete dort zeitweise als Kaufmann und Fotograf. In der Biografie „Fridas Vater" wird er als sensibel und introvertiert

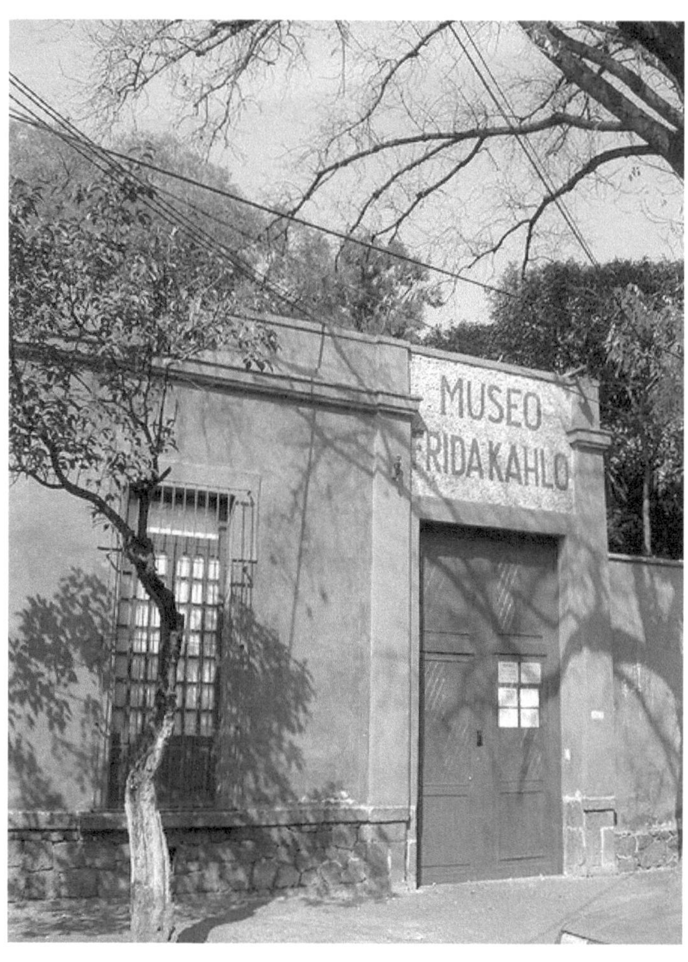

„Blaues Haus" in Coyoacán,
in dem Frida Kahlo zeitweise wohnte,
heute „Museo Frida Kahlo"

bezeichnet. Seine erste Ehe schloss er mit der Mexikanerin Maria Cárdena. 1894 ließ er sich einbürgern und hieß fortan Guillermo Kahlo. Guillermo ist das spanische Wort für Wilhelm. 1897 starb seine Ehefrau Maria.

Seine zweite Ehe schloss Guillermo Kahlo 1898 mit Matilde Calderón y Gonzalez aus Oaxa, der Tochter eines Fotografen, in deren Adern spanisches und indianisches Blut floss. 1904 errichtete Guillermo in Coyoacán, der damaligen Vorstadt der mexikanischen Hauptstadt Mexico City, ein Haus. Dieses wurde später von seiner Tochter Frida zum Schutz gegen böse Geister in Kobaltblau gestrichen und als „Casa Azul", das so genannte „Blaue Haus", berühmt.

Frida kam 1907 als drittes Kind aus der zweiten Ehe von Guillermo Kahlo zur Welt. 1910 brach die „Mexikanische Revolution" aus. Mit diesem Ereignis identifizierte sich Frida Kahlo später so stark, dass sie 1910 als ihr Geburtsdatum angab.

Als Sechsjährige erkrankte Frida an Kinderlähmung. Nach langem Krankenlager blieb ihr rechtes Bein im Wachstum zurück. Es war etwas kürzer und dünner als das linke Bein. Fortan hatte sie wegen der mit diesem Leiden verbundenen Behinderungen in der Schule unter manchem Spott zu leiden.

Laut Online-Lexikon „Wikipedia" hatte der Vater großen Einfluss auf die Entwicklung von Frida. Er lieh ihr Bücher, nahm sie mit zu ausgedehnten Spaziergängen und weckte ihr Interesse an Pflanzen und Tieren sowie für das genaue Beobachten der Natur. Dies kam Frida später beim Malen zugute.

Besonders gut verstand sich Frida mit ihrer elf Monate jüngeren Schwester Cristina. Zu ihr hatte sie ihr ganzes Leben lang eine enge Beziehung. Als Ältere und Erfolgreichere gab Frida stets den Ton an.

Prägend für das Leben der zierlichen und temperamentvollen jungen Frida waren die Jahre auf der „Escuela Nacional Preparatoria". Dabei handelte es sich um eine Lehranstalt, die der Vorbereitung auf die Universität diente. Der Unterricht bot ihr viele Anregungen. Außer für Geisteswissenschaften interessierte sie sich für Anatomie, Biologie und Zoologie. Allmählich wuchs ihr Wunsch, später Medizin zu studieren.

Am 17. September 1925 kam es zu einem tragischen Ereignis, welches das Leben von Frida völlig veränderte. Die 18-Jährige erlitt in Mexico City beim Zusammenprall einer Straßenbahn mit einem Bus, in dem sie saß, folgenschwere Verletzungen, als sich eine Stahlstange durch ihr Becken bohrte. Dabei wurden ihre Wirbelsäule, ihr Schlüsselbein, ihre Rippen, ihr Becken und ihr bereits verkümmertes Bein mehrfach gebrochen.

Fortan musste Frida ihren Alltag immer wieder liegend und in einem Ganzkörpergips beziehungsweise Stahlkorsett verbringen. Eines Tages begann sie, ihr Bett zu malen, um sich zu beschäftigen. Es heißt, ihr Vater habe ihr das Malen, das sein Hobby war, beigebracht. Im September 1926 schuf die 19-Jährige ihres erstes Selbstporträt namens „Selbstbildnis mit Samtkleid".

Nach dem Unfall bis zum Tod musste Frida insgesamt 32 Operationen und acht Korsetts erdulden. Sie ertrug ihr Schicksal tapfer. Als sie ihre Mutter nach ihrem Unfall vom September 1925 wieder sah, sagte sie zu ihr: „Ich bin nicht gestorben, und außerdem habe ich etwas, wofür es sich zu leben lohnt: die Malerei".

Weil Frida in einem Gipskorsett liegen musste, das von den Schlüsselbeinen bis zum Becken reichte, konstruierte ihre Mutter ein Gestell mit einer Holztafel, um das Papier daran zu befestigen. Die Mutter hatte auch die Idee, das Bett von Frida mit einem Himmel im Renaissancestil zu versehen. Sie brachte einen Baldachin an und hängte an der Unterseite einen Spiegel auf, damit Frida ihr Spiegelbild als Modell verwenden konnte. Entgegen medizinischer Befürchtungen lernte Frida wieder das Laufen. Sie litt aber ihr ganzes Leben lang unter den Folgen durch ihren Unfall. Das Malen war für sie gewissermaßen ein Ausdruck ihrer körperlichen und seelischen Qualen. Eine gravierende Folge ihres Unfalls war, dass sie keine Kinder zur Welt bringen konnte.

Am 21. August 1929 heiratete die 22-jährige Frida Kahlo in einer Vorstadt von Mexico City den 20 Jahre älteren, berühmten mexikanischen Künstler Diego Rivera (1886–1957). Für den 43-jährigen Bräutigam war es bereits die dritte Ehe. Die Verbindung wurde von Frida als „die Hochzeit zwischen einem Elefanten und einer Taube" empfunden.

Zum Zeitpunkt der Eheschließung war Rivera wegen seiner riesigen politisch-revolutionären Wandbilder bereits weltberühmt. 1929 wurde Rivera aus der „Partido Comunista Mexicano" ausgeschlossen. Auch Frida verließ die kommunistische Partei.

Im Januar 1930 zogen Frida Kahlo und Rivera nach Cuernavaca. Dort hatte Rivera den Auftrag, für den amerikanischen Botschafter, Dwight W. Morrow (1873–1931), Wandbilder am Palast des spanischen Eroberers Hernán Cortés (1485–1547) zu malen.

1930 erhielt Rivera zwei Aufträge in den USA: Er sollte ein Wandbild im „Pacific Stock Exchange Luncheon Club" in San Francisco und ein weiteres Wandbild in der „California School of Fine Arts", dem heutigen „San Francisco Art Institute", malen. Dies kam Rivera sehr gelegen, weil ihm damals das politische Klima und die antikommunistische Welle in Mexiko unerträglich erschienen. Er war zwar nicht mehr offiziell

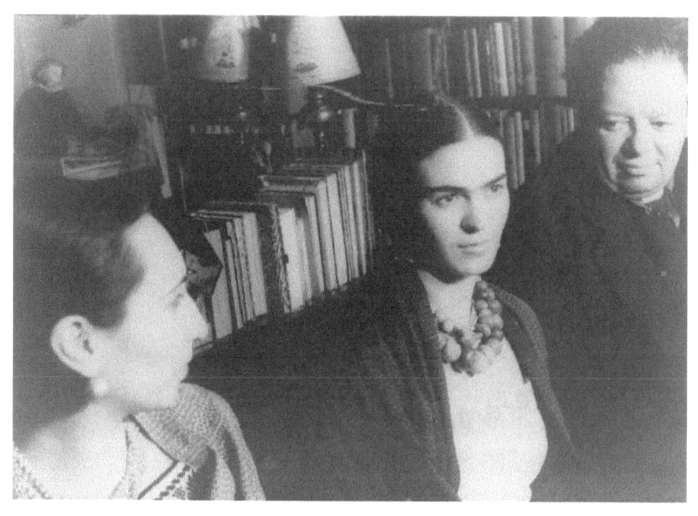

Frida Kahlo (Mitte),
ihr Ehemann Diego Rivera (rechts)
und Maria Luisa („Malu") Block (1904–1989), links).
Foto von Carl van Vechten (1880–1964)
vom 19. März 1932

Mitglied der Partei, aber an seiner politischen Gesinnung hatte sich nichts geändert.

Im November 1930 verließ das Ehepaar Mexiko und reiste in die USA. In San Francisco lernte Frida die Fotografin Imogen Cunningham (1883–1876), den Fotografen Edward Weston (1886–1958), den Kunstmäzen Albert Bender (1866–1941) und Dr. Leo Eloesser (1881–1976) kennen. Letzterer wurde ihr lebenslanger Freund und medizinischer Berater.

Im Juni 1931 kehrten Frida Kahlo und Diego Rivera für fünf Monate nach Mexiko zurück. Im November jenes Jahres schifften sich beide in New York ein. Auf der „Sixth Annual Exhibition of the San Francisco Society of Women Artists" erfolgte die erste öffentliche Ausstellung eines Werkes von Frida. Dort zeigte man das von ihr geschaffene Bild „Frida Kahlo und Diego Rivera".

Im April 1932 reisten Frida Kahlo und Rivera nach Detroit (Michigan) in die USA. Dort sollte Rivera im Auftrag der „Ford Motor Company" ein Wandgemälde am „Detroit Institute of Arts" malen. Anfang Juli jenes Jahres erlitt Frida eine Fehlgeburt und verbrachte 13 Tage im „Henry Ford Hospital". Im September reiste sie mit der Künstlerin Lucienne Bloch (1909–1999) nach Mexiko, weil ihre Mutter Matilde Calderon y González erkrankt war. Die Mutter starb am 14. September 1932. Im Oktober kehrten Frida Kahlo und Lucienne Bloch nach Detroit zurück.

Im März 1933 kamen Frida Kahlo und Diego Rivera nach New York City. Dort hatte Rivera den Auftrag für ein Wandgemälde am „Rockefeller Center" angenommen. Doch am 9. Mai wurde dieser Auftrag rückgängig gemacht, weil Rivera in das Wandgemälde ein Bild des sowjetischen Politikers und Revolutionärs Wladimir Ilitsch Lenin (1870–1924) eingefügt hatte. Im Dezember 1933 kehrte das Ehepaar nach Mexiko zurück und zog in ein Doppelhaus in San Ángel, das der Architekt und Maler Juan O'Gorman (1905–1982) für sie entworfen hatte.

1934 unterzog sich Frida einer Blinddarmoperation. Außerdem erlitt sie in jenem Jahr eine Fehlgeburt und wurde am Fuß operiert. Im Sommer entdeckte Frida, dass ihr Ehemann eine Affäre mit ihrer Lieblingsschwester Cristina hatte und trennte sich von ihm.

1935 zog Frida in eine Wohnung an der Avenida Insurgentes im Zentrum von Mexico City. Zusammen mit der Anthropologin und Schriftstellerin Anita Brenner (1905–1974) reiste sie im Juli nach New York City und kehrte Ende des Jahres in das Haus in San Ángel zurück. Nach dem Ausbruch des „Spanischen Bürgerkrieges" 1936 gründete Frida zusammen mit anderen Künstlern und Intellektuellen ein Solidaritätskomitee zur Unterstützung der Republik.

Als 1937 der russische Revolutionär Leo Trotzki (1879–1940) mit seiner Ehefrau nach Mexiko kam, unterstützten ihn Frida Kahlo und Rivera. Trotzki hielt sich während seines Exils in Mexiko zwei Jahre lang im „Blauem Haus" in Coyoacán auf und wurde zeitweise Fridas Geliebter. Nach seinem Auszug ließ Trotzki sein neues Domizil zur Festung ausbauen, trotzdem ermordete man ihn an seinem Schreibtisch.

Frida hatte nicht nur mit Trotzki eine Affäre, sondern auch mit anderen Männern und zeitweise Frauen. Zu ihren Geliebten gehörten der Fotograf Nickolas Muray (1892–1965), die costaricanische Sängerin Chavela Vargas (geboren 1919) und der Deutsche Heinz Berggruen (1914–2007), der später ein bedeutender Kunstsammler wurde.

1937 beteiligte sich Frida Kahlo mit vier Bildern an einer Gruppenausstellung in der Kunstgalerie der „Universidad Autonoma" in Mexico City. Im Folgejahr wurden 25 Bilder von ihr in der „Julien Levy Gallery" in New York City ausgestellt.

Nach dem Ende des Verhältnisses mit Trotzki hatte Frida zu ihrem Ehemann Rivera weiterhin ein freundschaftliches Verhältnis. Im November 1937 überreichte sie ein ihm gewidmetes Selbstporträt. Dieses Bild erregte kurze Zeit später die Aufmerksamkeit des französischen Surrealisten André Breton (1896–1966), der 1938 mit seiner Ehefrau Jacquelin Lamba eine Vortragsreise in Mexiko unternommen hatte. Sein Urteil lautete: „Die Kunst der Frida Kahlo ist eine Schleife um eine Bombe."

Im Januar 1939 reiste Frida nach Frankreich. In Paris besuchte sie André Breton, der ihr eine Ausstellung versprochen hatte. Wegen einer Nierenentzündung musste sie in eine Klinik. Danach zog sie mit Mary Reynolds, einer engen Freundin von Marcel Duchamp (1887–1968), in eine gemeinsame Wohnung. Frida begegnete Wassily Kandinsky (1866–1944), Pablo Picasso (1881–1973) und vielen anderen Surrealisten um Breton wie Max Ernst (1891–1976), Paul Éluard (1895–1952), Joan Miró (1893–1983), Yves Tanguy (1900–1955) und Wolfgang Paalen (1905–1959).

Die erste Ausstellung mit Werken von Frida Kahlo in Paris war finanziell ein Fiasko. Nur der Louvre kaufte ihr Selbstbildnis „The Frame" als erstes Bild eines mexikanischen Malers überhaupt.

Marcel Duchamp half Frida bei der Organisation ihrer Ausstellung „Mexique", die am 10. März 1939 in der „Galerie Renou & Colle" eröffnet wurde. Dabei waren auch Aufnahmen des Fotografen Manuel Álvarez Bravo (1902–2002) und die Sammlung mexikanischer Volkskunst von Breton zu sehen .

Am 25. März 1939 reiste Frida nach New York City. Sie beendete ihre Beziehung mit dem Fotografen Nickolas Muray, kehrte im April nach Mexiko zurück und wohnte im „Blauen Haus".

Am 6. November 1939 ließ sich Diego Rivera von Frida Kahlo scheiden. Danach tröstete sich Frida mit Alkohol, neuen Affären und ihrer Malerei. Aus Kummer über die Trennung schuf sie ihr „Selbstbildnis mit abgeschnittenem Haar" (1940). Es zeigt Frida, die sich ihr von Diego geliebtes langes Haar abgeschnitten hat. Die abgetrennten Haare liegen in Büscheln auf dem Fußboden. Frida hat die ansonsten von ihr bevorzugte Tracht mexikanischer Frauen mit einem Herrenanzug vertauscht.

Als Frida Kahlo und Diego Rivera erkannten, wie sehr sie beide einander brauchten, heirateten sie am 8. Dezember 1940 zum zweiten Mal. Auch nach der Wiedervermählung kam es immer wieder zu Seitensprüngen Diegos, der als klassischer „Macho" einerseits offen seine Frau betrog, andererseits aber mit der Pistole herumfuchtelte, wenn ein Rivale auftauchte. Die Liebe Fridas zu Diego und ihre turbulente Ehe bildeten ein wichtiges Thema ihrer Kunst.

Ab 1941 lebten Frida Kahlo und Rivera wieder in Coyoacán zusammen. Das Haus in San Ángel nutzten beide als Studio. Als ihr Vater drei Monate vor ihrem 34. Geburtstag starb, fiel Frida in eine tiefe Depression, die ihre labile Gesundheit noch mehr schwächte. Ihr Vater Guillermo Kahlo gilt heute als visionärer Fotograf. Seine Aufnahmen genießen nicht nur bei geschulten Betrachtern großen Respekt.

Frida gehörte zu einer Gruppe von 25 Künstlern und Intellektuellen, die vom Ministerium für Erziehung als Gründungsmitglieder des Seminars für mexikanische Kultur auserkoren wurden. Man nahm sie in die Ausstellung „Modern mexican Painters" am „Institute of Modern Art" in Boston auf. Im Folgejahr hat man Gemälde von Frida in zwei Ausstellungen in New York City präsentiert: „20th-Century Porträts" im „Museum of Modern Arts" und „First Papers of Surrealism". Im Januar 1943 nahm man Frida in die „Exhibition by 31 Women" in Peggy Guggenheims „Galerie Art of This Century" in New York City auf.

An der Schule für Malerei und Skulptur des Ministeriums für Erziehung „La Esmeralda" in Mexico City erhielt Frida einen Lehrstuhl. Sie lehrte zehn Jahre lang. Wegen ihres schlechten Gesundheitszustandes gab sie in ihrem Haus in Coyoacán Unterricht. Zuletzt kamen nur noch vier Studenten regelmäßig: Fanny Rabel (1922–2008), Arturo Garcia Bustos, Guillermo Monroy und Arturo Estrada, die man „Los Fridos" nannte.

Der körperliche Verfall von Frida schritt immer mehr voran. Sie ließ Spinal-Punktionen vornehmen, trug verschiedene medizinische Korsetts und musste sich innerhalb von zehn Jahren schweren Operationen am Rücken und am Bein unterziehen.

Ab 1944 führte Frida ein gemaltes Tagebuch, in dem sie eine Brücke zwischen dem Schmerz ihres Körpers und der Herrlichkeit der Welt schlug. Die Malerei entwickelte sich für sie zur Überlebensstrategie: Dabei fand sie Trost, indem sie ihre Qualen mit expressiver Kraft auf die Leinwand bannte. Frida reduzierte ihre Unterrichtsstunden, widmete sich aber weiterhin ihren Studenten. Sie verschaffte „Los Fridos" Aufträge und Stipendien und verhalf ihnen zu Ausstellungen. Nach einer Operation malte Frida Kahlo 1944 ihr Selbstporträt „Die gebrochene Säule". Es zeigt ihren in der Mitte aufgebrochenen Körper, den ein orthopädisches Korsett zusammenhält. Durch den Riss ist ihre Wirbelsäule sichtbar, die durch eine zerbröckelte ionische Säule, auf deren Kapitell ihr Kinn ruht, dargestellt wird. Nägel, die in ihre nackte Haut geschlagen sind, veranschaulichen ihre Qual.

1946 wurde Frida vom Ministerium für Erziehung der
„Nationalpreis für Kunst und Wissenschaft" verliehen. Im Juni
jenes Jahres unterzog sie sich einer Knochentransplantation
in New York City und im Oktober kehrte sie nach Mexiko
zurück. Wegen ihrer Schmerzen verschrieb man ihr Morphine
in hoher Dosis.

1946 entstand das Doppelporträt „Baum der Hoffnung bleibe
stark". Das Motiv: Auf dem Krankenbett sitzt neben der am
Rücken Aufgeschnittenen eine weitere Frida in rotleuchtender
mexikanischer Tracht. Dieses Bild verkörpert ihren Le-
benswillen, der über die Verletzte wacht. Andere Gemälde
Fridas geben traumatische Erlebnisse wider, die alle Frauen
betreffen können, wie etwa die Darstellung einer ihrer
Fehlgeburten auf dem Werk „Henry Ford Hospital" aus dem
Jahre 1932.

Die eigenwillige Künstlerin wehrte sich dagegen, von der
Fachwelt als Surrealistin bezeichnet zu werden. Sie legte großen
Wert darauf, niemals Träume, sondern ihre Realität gemalt zu
haben. Aber da sie sich nicht mit der Darstellung der
Wirklichkeit begnügte, wenn sie beispielsweise auf dem Bild
„Der verletzte Hirsch" (1946) einem von Pfeilen getroffenen
Hirsch ihr Gesicht gab, rechnen Experten ihren Stil dem
„Phantastischen Realismus" zu.

Ab 1950 verschlechterte sich der Gesundheitszustand von
Frida Kahlo drastisch. In jenem Jahr wurde sie sechsmal an
der Wirbelsäule operiert. Ungeachtet dessen malte sie im
Liegen weitere Bilder, wenn es ihr Befinden erlaubte. Ab 1951
brauchte sie einen Rollstuhl und wurde sie von Kran-
kenschwestern versorgt. Ab 1952 malte sie innerhalb von zwei
Jahren insgesamt 13 Stilleben.

1953 erlebte Frida Kahlo die erste Einzelausstellung ihrer
Werke in Mexiko. Dies war eine Anerkennung, die sie sich

schon lange gewünscht hatte. Damals war sie bereits so schwer krank, dass sie sich im Bett zur Eröffnung der Ausstellung tragen ließ. Kurz danach musste 1953 ihr rechtes Bein wegen Wundbrand amputiert werden. Danach ließ sie sich ein Paar rote Luxusstiefel mit chinesischen Goldverzierungen und kleinen Schellen anfertigen.

Das letzte von Frida geschaffene Bild präsentiert ein Stilleben mit Wassermelonen, unter das sie mit blutroter Farbe schrieb: „Viva la Vida" („Es lebe das Leben"). Ein letztes Foto von 1954 zeigt sie im Rollstuhl sitzend bei einer politischen Demonstration in Guatemala.

Frida Kahlo starb am 13. Juli 1954 im Alter von nur 47 Jahren in ihrem Geburtsort Coyoacán. Sie erlag einer Lungenembolie. Manche Freunde von ihr vermuteten einen Selbstmord. Denn es gab schon früher Gerüchte von einer misslungenen Selbsttötung und entsprechende Hinweise in ihrem Tagebuch. Rivera lehnte eine klärende Obduktion der Leiche ab.

Diego Rivera zog nach Tod von Frida in einen anderen Stadtteil um. Er sagte über sie: „Sie ist die einzige Frau in der Geschichte der Kunst, die mit absoluter und schonungsloser Aufrichtigkeit, und man könnte sagen, mit ruhiger Gewalt, diejenigen allgemeinen und besonderen Themen aufgriff, die ausschließlich Frauen betreffen."

Frida Kahlo blieb als die mit Abstand bekannteste Malerin von Mexiko, wenn nicht sogar von Lateinamerika, unvergessen. Ihre Werke wurden von der mexikanischen Regierung offiziell zum „nationalen Kulturgut" erklärt. Ihr Ganzkörper-Selbstbildnis „Roots" (1943) erzielte im Mai 2006 einen Versteigerungserlös von 5,6 Millionen US-Dollar. Es gilt als das bislang teuerste Bild eines lateinamerikanischen Künstlers. Mit dem Leben von Frida befassten sich Film, Theater und Literatur.

Literatur

ALCÁNTERA, Isabel / EGNOLFF: Frida Kahlo und
Diego Rivera, München 2005
BRAHE, Bilkis: Tradödien sind albern. Frida Kahlo (1907–
1954). Eine amerikanische Malerin, Lich 2007
FEGHELM, Dagmar: Frida Kahlo. Die Lebensgeschichte,
München 2010
FELTEN, Uta / SCHWAN, Tanja (Herausgeber): Frida
Kahlo. Körper, Gender, Performance, Berlin 2007
FEMBIO http://www.fembio.org
FISCHER-DEFOY, Christine: Frida Kahlo – Das private
Adressbuch, Berlin 2009
FRANGER, Gaby /HUHLE, Rainer / KAHLO Cristina /
PRIGNITZ-PODA, Helga / RIVERA, Juan-Coronel /
TIBOL, Raquel: Fridas Vater. Der Fotograf Guillermo
Kahlo. Von Pforzheim nach Mexiko, München 2005
GOTTSCHALK, Maren: Die Farben meiner Seele: Die
Lebensgeschichte der Frida Kahlo, Landsberg 2010
GRIMBERG, Salomon: Frida Kahlo. Bekenntnisse,
München 2009
GRINBERG, Salomon (Herausgeber): Ich werde Dich nie
vergessen ... Frida Kahlo und Nickolas Mauray –
unveröffentlichte Photographien und Briefe, München 2004
HERRERA, Hayden: Frida Kahlo. Ein leidenschaftliches
Leben, Bern 1998
JAMIS, Rauda / ROTT-ILLFELD, Sybille: Frida Kahlo. Ein
Leben für die Kunst, München 2000
KETTENMANN, Andrea: Frida Kahlo 1907–1954. Leid
und Leidenschaft, Köln 2001

PRIGNITZ-PODA, Helga: Frida Kahlo. Die Malerin und
ihr Werk, München 2003
PROBST, Ernst: Superfrauen 8 – Malerei und Fotografie,
Mainz-Kostheim 2001
WIKIPEDIA (Online-Lexikon) http://wikipedia.org

Bildquellen

Klaus Benz, Fotograf Mainz-Laubenheim: 20

Library of Congress, Carl van Vechten photograph collection: 2, 8

WIKIPEDIA (Online-Lexikon) http://wikipedia.org User Nachtwächter: 4

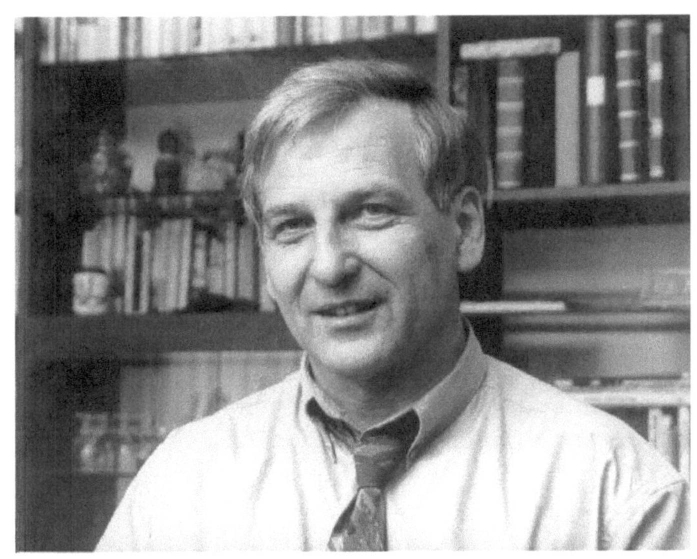

Autor Ernst Probst

Der Autor

Ernst Probst, geboren am 20. Januar 1946 in Neunburg vorm Wald im bayerischen Regierungsbezirk Oberpfalz, ist Journalist und Wissenschaftsautor. Er arbeitete von 1968 bis 1971 als Redakteur bei den „Nürnberger Nachrichten", von 1971 bis 1973 in der Zentralredaktion des „Ring Nordbayerischer Tageszeitungen" in Bayreuth und von 1973 bis 2001 bei der „Allgemeinen Zeitung", Mainz. In seiner Freizeit schrieb er Artikel für die „Frankfurter Allgemeine Zeitung", „Süddeutsche Zeitung", „Die Welt", „Frankfurter Rundschau", „Neue Zürcher Zeitung", „Tages-Anzeiger", Zürich, „Salz-burger Nachrichten", „Die Zeit", „Rheinischer Merkur", „Deutsches Allgemeines Sonntagsblatt", „bild der wissenschaft", „kosmos", „Deutsche Presse-Agentur" (dpa), „Associated Press" (AP) und den „Deutschen Forschungsdienst" (df). Aus seiner Feder stammen die Bücher „Deutschland in der Urzeit" (1986), „Deutschland in der Steinzeit" (1991), „Rekorde der Urzeit" (1992), „Dinosaurier in Deutschland" (1993 zusammen mit Raymund Windolf) und „Deutschland in der Bronzezeit" (1996). Von 2001 bis 2006 betätigte sich Ernst Probst als Buchverleger sowie zeitweise als internationaler Fossilienhändler und Antiquitätenhändler. Insgesamt veröffentlichte er mehr als 100 Bücher, Taschenbücher, Broschüren, Museumsführer und E-Books.

Bücher von Ernst Probst

Superfrauen 1 – Geschichte
Superfrauen 2 – Religion
Superfrauen 3 – Politik
Superfrauen 4 – Wirtschaft und Verkehr
Superfrauen 5 – Wissenschaft
Superfrauen 6 – Medizin
Superfrauen 7 – Film und Theater
Superfrauen 8 – Literatur
Superfrauen 9 – Malerei und Fotografie
Superfrauen 10 – Musik und Tanz
Superfrauen 11 – Feminismus und Familie
Superfrauen 12 – Sport
Superfrauen 13 – Mode und Kosmetik
Superfrauen 14 – Medien und Astrologie

Superfrauen aus dem Wilden Westen

Königinnen der Lüfte von A bis Z
Königinnen der Lüfte in Deutschland
Königinnen der Lüfte in Frankreich
Königinnen der Lüfte in England, Australien
und Neuseeland
Königinnen der Lüfte in Europa
Königinnen der Lüfte in Amerika

Königinnen des Tanzes
Elisabeth I. Tudor. Die jungfräuliche Königin
Maria Stuart. Schottlands tragische Königin

Christl-Marie Schultes. Die erste Fliegerin in Bayern
(zusammen mit Theo Lederer)
Drei Königinnen der Lüfte in Bayern.
Thea Knorr – Christl-Marie Schultes – Lisl Schwab
(zusammen mit Josef Eimannsberger)
Liesel Bach. Deutschlands erfolgreichste Kunstfliegerin
Melli Beese. Die erste Deutsche mit Pilotenlizenz
Elly Beinhorn. Deutschlands Meisterfliegerin
Marga von Etzdorf. Die tragische deutsche Fliegerin
Thea Knorr. Eine frühe Fliegerin in München
Angelika Machinek. Eine Segelfliegerin
der Weltklasse
Thea Rasche. The Flying Fräulein
Wilhelmine Reichard. Die erste Ballonfahrerin
in Deutschland
Hanna Reitsch. Die Pilotin der Weltklasse
Lisl Schwab. Eine Kunstfliegerin
aus den 1930-er Jahren
Melitta Gräfin Schenk von Stauffenberg.
Deutsche Heldin mit Gewissensbissen
Beate Uhse. Deutschlands erste Stuntpilotin

Monstern auf der Spur. Wie die Sagen über Drachen,
Riesen und Einhörner entstanden
Affenmenschen. Von Bigfoot bis zum Yeti
Seeungeheuer. Von Nessie
bis zum Zuiyo-maru-Monster

Der Schwarze Peter. Ein Räuber im Hunsrück
und Odenwald
Hildegard von Bingen. Die deutsche Prophetin
Julchen Blasius. Die Räuberbraut
des Schinderhannes
Johann Jakob Kaup. Der große Naturforscher
aus Darmstadt

Der Ball ist ein Sauhund. Weisheiten und Torheiten
über Fußball (zusammen mit Doris Probst)
Worte sind wie Waffen. Weisheiten und Torheiten
über die Medien (zusammen mit Doris Probst)
Schweigen ist nicht immer Gold. Zitate von A bis Z

Bestellungen bei www.grin.com